AF232346

LA
DÉFENSE NATIONALE

PAR UN OFFICIER SUPÉRIEUR

I. LE DANGER — LE SALUT

II. FORCES ACTUELLEMENT SANS EMPLOI EN FRANCE

1º Énumération. — 2º Organisation

III. PLAN DE CAMPAGNE

1º Positions de l'ennemi. — 2º Siége par la Province
de l'armée assiégeant Paris

VENDU **50** c.

AU PROFIT DE LA SOCIÉTÉ DE SECOURS AUX BLESSÉS

TOURS

IMPRIMERIE MAME ET FILS

5 OCTOBRE 1870

LA
DÉFENSE NATIONALE

I

LE DANGER — LE SALUT

Une nation de près de quarante millions d'habitants, réputée jusqu'ici la plus brave entre toutes, est menacée dans son existence par une armée que, malgré son nombreux effectif, elle étoufferait dans ses bras, si elle voulait les serrer ensemble. Mais, pour qu'un corps puisse coordonner ses mouvements, il lui faut une tête.

La France n'a pas de tête en ce moment.

Dans l'Est, les populations frémissantes demandent un ordre, un exemple, un signal, pour se ruer sur l'envahisseur et anéantir ses détachements partout disséminés.

Les provinces non encore envahies votent et réalisent

de toutes parts des emprunts; elles arment leurs hommes; elles organisent des défenses locales; elles fortifient leurs cités; elles coupent leurs routes; elles font tout enfin pour empêcher l'approche de l'ennemi, et le repousser au besoin. Cela ne les empêche pas d'envoyer la fleur de leur jeunesse en avant, soit dans les rangs de l'armée, soit dans ceux de la mobile. Les deux réunies présentent un chiffre de près d'un million de baïonnettes.

Autant, au moins, dans la garde nationale sédentaire.

A quoi aboutissent ces volontés, ces efforts, produits dans une même pensée? A rien.

Dans quelques âmes intelligentes, fortes et courageuses, subsiste encore la confiance; dans la masse on est résigné à faire tous les sacrifices plutôt que de subir le joug insolent de l'étranger; mais, avec cela, l'affaissement, l'abattement est général.

Voyez cependant Paris,

Paris, l'orgueil du monde civilisé; Paris, l'œuvre la plus merveilleuse sortie de la main des hommes; Paris, patrie des sciences, des lettres, des arts; Paris, source de toute idée généreuse; Paris, toujours prêt à donner son sang, son or pour tout peuple opprimé; Paris, demeure de la sainte Hospitalité; Paris, la mère joyeuse, riche et féconde, qui ouvrait sans défiance son sein généreux aux enfants de la triste, pauvre et stérile Germanie! Paris est insulté, frappé, déchiré par ces fils de barbares devenus grands, et pas une des autres nations ne songe à venir à son aide.

Tant mieux! Paris aura le seul fleuron qui manquât à sa glorieuse couronne: l'héroïsme dans le malheur, l'intrépidité devant le vainqueur menaçant. Paris n'aura rien à envier aux cités antiques. Plus forte que les plus fortes, elle repoussera, elle chassera, elle poursuivra, elle détruira son insolent agresseur.

La Province n'a qu'à l'y aider.

C'est désormais à l'Assemblée constituante qu'il appartient de donner pour cela l'impulsion, de devenir la tête de ce corps encore vigoureux.

Que, dès le début, elle fasse le serment de ne délibérer que sur une seule question : l'expulsion de l'étranger hors du territoire. Qu'elle constitue pour cela un comité de salut public; qu'elle y mette des hommes d'expérience et de résolution. Que ceux-ci choisissent eux-mêmes un ministère d'hommes énergiques et capables. Que les uns et les autres soient nommés sans considération de couleur politique. La Prusse a compté sur nos revers pour faire à son profit l'unité allemande; que ces revers produisent du moins chez nous aussi l'union de tous les partis.

Pas de vaines récriminations. Tous, nous avons été aveugles. Tous, nous avons commis des fautes. Inutile de les rappeler ici; mais que chacun écoute sa conscience; elle lui conseillera l'indulgence pour les autres. Maudit soit d'ailleurs celui qui, sous un prétexte quelconque, priverait en ce moment la patrie du concours d'un seul de ses enfants !

Le nouveau gouvernement devra arrêter un plan, puis en poursuivre l'exécution avec une fermeté, une persistance, une ténacité inébranlables. Que Bismark trouve enfin tête plus dure que la sienne.

Ce plan, quel sera-t-il ?

Chacun fait le sien à cette heure; qu'il soit donc permis à celui qui écrit ces lignes, et qui n'est point étranger aux choses dont il va parler, qu'il lui soit permis d'exposer aussi ses idées.

II

FORCES ACTUELLEMENT SANS EMPLOI EN FRANCE

—

1° ÉNUMÉRATION

Faisons d'abord parler les chiffres.

Sans compter les forces qui occupent Paris, celles de Metz et des autres places assiégées, investies ou seulement observées par l'ennemi; sans parler de ce qui garde l'Algérie et les colonies; sans parler de la nouvelle armée qui vient de se former derrière la Loire, avec des corps parfaitement constitués, organisés et aguerris, armée dont nous ne dévoilerons ici ni la force, ni la position actuelle, ni les mouvements, voulant laisser à nos ennemis toute la surprise; sans parler encore de notre marine qui couvre les mers, et dont les vaisseaux, ramenés de la Baltique par la mauvaise saison, y retourneront au printemps; sans énumérer tout cela, nous croyons ne pas manquer aux devoirs du plus pur patriotisme en donnant ici l'aperçu de nos autres ressources.

Nous avons sous les armes, à part les troupes dont nous venons de parler :

	Infanterie,	130,000	hommes.	
	Cavalerie,	30,000	»	
ARMÉE DE TERRE.	Artillerie,	20,000	»	
	Génie,	6,000	»	
	Troupes d'Admin^{on}.,	6,000	»	

MARINE. — Troupes et équipages
à terre. 20,000 »
GARDE NATIONALE MOBILE. 400,000 »
GARDE NATIONALE SÉDENTAIRE. 1,000,000 »

Total, 1,612,000 hommes.

La cavalerie, l'artillerie et le train, ont en main environ 25,000 chevaux, et on en achète tous les jours.

L'artillerie peut aisément, pour la réalisation du plan que nous décrivons, et sans dégarnir nos places, fournir 800 bouches à feu de campagne, et un nombre indéfini de pièces de siége, sans parler des mitrailleuses qui se fabriquent sans relâche à . . à . . . à . . et autres lieux.

Ces troupes sont armées comme il suit :
L'armée et la marine de chassepots.
La garde mobile va avoir :

Chassepots,	40,000
Fusils perfectionnés, système ***.	10,000
Fusils à tabatière,	100,000

Fusils rayés à percussion, le surplus.

Toutes ces armes sont, quoi qu'on ait pu ou qu'on puisse en dire, supérieures à celles des Prussiens. Nous défions celui qui soutiendra le contraire de se laisser ajuster avec la moins bonne d'entre elles par un bon tireur à une distance de 600 mètres. D'ailleurs, la discussion ne tardera point à perdre tout intérêt, grâce aux mesures prises pour n'avoir plus bientôt que des armes perfectionnées entre les mains de la mobile, qui s'en montre digne.

La garde nationale sédentaire est armée, en majeure partie, de fusils rayés ou de carabines à piston; elle a cependant aussi un assez grand nombre d'armes perfectionnées. C'est encore là un bon armement : les bourgeois de Paris le feront bien voir aux Prussiens.

Dans le compte qui précède, nous n'avons point fait entrer, qu'on le remarque bien, la classe 1870, actuellement à la disposition du Ministre de la Guerre, mais qu'il n'a pu appeler plus tôt à cause de l'encombrement des dépôts, et qui doit fournir sous peu de jours, rien que pour les départements non envahis, au moins

175,000 hommes.

Résumons, pour les hommes seulement :

Troupes régulières de terre et de mer.	212,000	—
Garde nationale mobile. . .	400,000	—
Id. — Id. sédentaire. .	1,000,000	—
Classe 1870.	175,000	—
Ajoutons, comme appoint, francs-tireurs.	13,000	—
Total.	1,800,000	hommes.

Entendez-vous, roi Guillaume?

Et vous, Bismark, et vous, présomptueux Prussiens, et vous aussi, imprudents et aveugles soldats du Sud?

Entendez-vous, Français pusillanimes, et vous Jules Favre, grand citoyen de l'Europe, ami de l'humanité, qui avez, par une sublime inspiration, comprimé les soulèvements de votre cœur français pour tenter de sauver tant de créatures de Dieu? Entendez-vous?

Un million huit cent mille hommes, bien armés, que la France possède encore pour sauvegarder son territoire, son indépendance, et, ce qui lui est plus cher que tout le reste, son honneur; et cela, après que tout ce qui lutte à présent contre la Prusse aurait été détruit, et sans épuiser encore nos ressources.

Voilà ce qu'il faut que tout le monde sache, ennemis ou amis, vous d'abord, Messieurs les membres futurs de la Constituante, puis toute la France, et surtout nos glorieux camarades de Paris, de Metz, de Verdun, de Soissons, et nos frères de la Lorraine, de l'Alsace, de la Champagne, de l'Ile-de-France.

Courage donc, et à l'œuvre, Français, mes frères, race de héros, fils des chouans, fils des soldats de Valmy, des soldats d'Iéna, souvenons-nous de nos pères! Qu'ils ne nous renient point, et que nos fils puissent un jour lire sans nous maudire la page où sera écrite l'histoire de notre génération. Transmettons intact à ceux-ci l'héritage de ceux-là. Et vous, braves paysans, qui avez vu vos greniers et vos celliers vidés, vos demeures pillées, vos toits brûlés, vos mères insultées, vos femmes et vos filles outragées, voici la revanche qui approche. C'est la guerre sainte; préparez fourches et faulx.

Ne perdons pas une minute; mais point de précipitation cependant. Nous avons pour nous deux armes sûres, le temps et la supériorité du nombre. Au lieu de nous jeter sottement sous les pieds des chevaux ou au-devant des engins de l'ennemi, avançons, avançons, toujours à couvert, avec prudence et résolution; serrons peu à peu le Prussien dans un cercle qui ira sans cesse se rétrécissant, jusqu'à ce qu'il l'étouffe, affamé et demandant grâce, contre les murailles de Paris.

Que les départements lointains ne songent plus à leur

sécurité locale; elle ne saurait être compromise. Que leurs efforts, que les ressources qu'ils disséminent sans rien constituer de solide et de sérieux, viennent se concentrer autour de Paris.

2° ORGANISATION

Parmi l'effectif d'hommes armés que nous avons comptés plus haut, nous n'en prendrons qu'une partie. Le reste gardera nos places fortes.

Nous prélèverons immédiatement dans chaque dépôt d'infanterie, 3 compagnies à 200 hommes, ce qui nous fera, rien que pour les 120 dépôts de régiments ou de bataillons de Chasseurs à pied,

360 compagnies à 200 hommes   72,000 h.

Nous en formerons :
45 bataillons à 8 compagnies,
15 régiments à 3 bataillons.

Nous prendrons dans la cavalerie,
50 escadrons à 200 h., soit   10,000 h.
dont nous formerons 12 régiments à 4 ou 5 escadrons.

L'artillerie nous fournira :
50 batteries montées de 6 pièces chacune, à 120 h.   6,000 h.

20 compagnies à pied de 200 h. chacune pour le service des pièces de position   4,000 h.   10,000 h.

Le Génie et les troupes d'Administration nous donneront immédiatement la moitié de leur effectif, soit environ   6,000 h.

                               98,000 h.

Report. . . . . 98,000 h

Nous prendrons dans la Mobile :

180 batatillons tout constitués de 1,500 h. environ formant 60 régiments,   270,000 h.

Nous y prendrons aussi quelques batteries d'artillerie , soit environ   7,000 h.

} 277,000 h.

Nous aurons ainsi un effectif de   375,000 h.

Nous formerons, pour l'infanterie, 50 brigades à 2 régiments, 25 divisions à 2 brigades, 5 corps d'armée de 5 divisions.

Chaque corps d'armée aura immédiatement 2 ou 3 régiments de cavalerie, et, d'abord, 2 batteries montées, dont nous augmenterons le nombre tous les jours.

Ces troupes formeront la première ligne.

Nous prendrons dans la Garde nationale sédentaire un effectif à peu près égal, qui formera, comme le précédent :

5 corps d'armée comprenant chacun 5 divisions de 2 brigades à 2 régiments à 3 bataillons à 8 compagnies, ci   375,000 h.

Ce sera la seconde ligne.

Il n'y aura ni cavalerie, ni artillerie montée, mais des pièces de siége, à chacune desquelles seront attachés deux canonniers de la marine et un nombre convenable de servants auxiliaires.

De deux corps pris, l'un dans la première, l'autre dans la seconde ligne, nous composerons une armée.

Nous aurons donc cinq armées.

Une compagnie aura, au début, 3 officiers, 1 sergent-major, 1 sergent-fourrier, un caporal fourrier, 8 sergents, 16 caporaux.

Composition analogue pour un escadron de cavalerie.

Un bataillon sera commandé par un Chef de bataillon;

Un régiment, par un Lieutenant-Colonel;

Une brigade, par un Colonel;

Une division, par un Général de brigade;

Un corps d'armée, par un Général de division;

Une armée, par un Général en chef.

Les cadres déjà constitués seront maintenus.

Les nominations pour les organisations nouvelles seront faites à l'élection pour les sous-officiers et caporaux, sauf les comptables, qui seront choisis par le Capitaine.

Les Généraux en chef seront proposés par le pouvoir exécutif et nommés ou confirmés par une loi de l'Assemblée constituante, devant qui ils viendront, en séance solennelle, prêter successivement, à la face du pays, un serment patriotique.

Les Généraux de division commandants de corps d'armée seront proposés par les Généraux en chef réunis en comité, présidés par le ministre de la Guerre, au choix du Comité de salut public, qui les nommera ou les confirmera dans leurs emplois, s'ils les occupent déjà, et devant qui ils viendront aussi prêter serment; si le temps le permet.

Les généraux de brigade commandants de divisions, les colonels commandants de brigades, seront désignés par le Ministre de la guerre, parmi les officiers de leur grade, sauf à y pourvoir par des nominations.

Les généraux en chef auront la nomination des officiers supérieurs.

Les généraux commandant les divisions, celle des capitaines.

Les colonels commandants de brigades, celle des lieutenants et sous-lieutenants.

Toute action d'éclat, tout service militaire éminent pourra être immédiatement récompensé par la collation d'un grade, par l'autorité à qui appartient le droit de nomination. L'Assemblée, sur la proposition du Comité du salut public, pourra par une loi conférer un grade quelconque à qui en sera reconnu digne par des services éclatants ou par une capacité hors ligne.

Le droit de suspension, sans préjudice de l'application des punitions et peines édictées par les règlements et les lois militaires, appartiendra à la même autorité que la nomination.

Les généraux, dans la première ligne, seront pris, autant que possible, parmi ceux en activité; ceux de la seconde ligne, dans le cadre de réserve.

La discipline la plus sévère sera partout observée.

Les chefs donneront l'exemple de l'accomplissement de tous les devoirs.

Sera réputé lâche et criminel, tout propos tendant à ôter aux hommes la confiance dans le succès, et à leur faire penser que les armes mises entre leurs mains ne sont point bonnes.

Dans la première ligne, chaque homme de troupe, y compris les sous-officiers, aura un fusil avec 100 cartouches, un ceinturon avec double cartouchière, une casquette, un pantalon, une veste ou vareuse, et, au fur et à mesure qu'il sera possible, une capote, ou plutôt une criméenne avec collet et capuchon, deux paires de souliers, deux chemises, un havresac ou besace, une couverture de laine, une tente-abri, un petit bidon et un ustensile de cuisine.

Les officiers auront le sabre et le révolver, képi, tuni-

que, pantalon, ceinture de laine, manteau ou caban.
Jusqu'au grade de capitaine ils porteront sur eux, outre
le manteau, un petit havresac contenant une paire de
chaussures, une chemise, deux paires de chaussettes de
rechange, une peau de mouton.

Les chefs de bataillon seront montés, mais n'auront
qu'un cheval, sur lequel ils auront les mêmes objets que
portent les autres.

Les commandants de régiment auront deux chevaux.

Les généraux en auront trois.

Il y aura par bataillon deux mulets ou chevaux de bât
portant les ustensiles de cuisine et deux grandes tentes
pour les capitaines et les lieutenants.

Les trois chefs de bataillon auront deux tentes, portées,
avec des cantines, par deux animaux de bât.

Le commandant de régiment aura un animal de bât
pour lui seul, portant tente et cantine.

Si le régiment devait former trois détachements dis-
tincts, le chef de bataillon qui resterait avec le commandant de régiment partagerait sa tente.

Le colonel commandant de brigade aura une tente et
un animal de bât.

Les généraux commandants de division auront deux
animaux de bât.

Les généraux commandants de corps d'armée auront
droit à une voiture à un cheval et à deux roues pour
bagages.

Le général en chef aura une voiture pour bagages, et
une voiture pour se déplacer au besoin de sa personne.

A ces exceptions près, il n'y aura aucun matériel
roulant autre que celui de l'artillerie, du génie et de l'administration, ces deux derniers réduits à peu de chose,
en raison de l'existence et du voisinage des chemins de
fer.

Les généraux en chef donneront l'exemple de l'observation de ces règles, et réprimeront, séance tenante, toute infraction qui y serait commise, l'une des principales causes de nos désastres ayant tenu jusqu'ici à l'amour et à l'habitude du bien-être qui ont envahi toutes les classes de la société, et dont les officiers n'ont pas su se défaire en entrant en campagne, l'exemple leur venant de haut. On n'a fait, du reste, en cela, que suivre sans discernement les errements de la guerre d'Afrique, pays où l'on ne trouve que le vide devant soi, et où il faut tout apporter avec soi pour vivre. Il ne s'agit en ce moment, ne le perdons pas de vue, que de faire la guerre sur un théâtre restreint, en pays ami, en restant toujours maîtres de nos communications.

III

PLAN DE CAMPAGNE

1° POSITIONS OCCUPÉES PAR L'ENNEMI

Nous pouvons raisonner ici, d'après des données certaines, au moins sur la position de l'ennemi, position qu'il ne dépend pas de lui de modifier.

Il a, en Alsace, le corps d'armée de Strasbourg.

Il ne peut pas en retirer une fraction notable sans voir ses derrières compromis de ce côté. Il est donc contraint à l'utiliser sur place, et lui fera probablement entreprendre, si ce n'est déjà fait, le siége de Schelestadt, de Neuf-Brisach, de Belfort; mais ce corps ne peut, sans s'exposer à se perdre, dépasser ce dernier point, pour aller encore rencontrer, à travers des pays moins faciles que la Champagne, des positions comme Besançon ou Langres. Quant à se diriger sur Lyon, il ne peut y songer, tant que Paris n'aura point capitulé. 100,000 hommes ne suffiraient point pour donner à une population comme celle de Lyon, qui les attend, de sérieuses inquiétudes. Nous n'hésitons donc pas à affirmer d'abord que Belfort tiendra plus longtemps que Strasbourg, parce qu'il n'y a là, pour ainsi dire, que des soldats et des fortifications, pas de population civile à effrayer, pas de monuments à incendier. Notre opinion est ensuite que, même si cette place était prise, l'ennemi ne pourrait, sans une extrême audace, dont nous comptons bien le guérir sous peu, s'aventurer au delà. Ce corps d'Alsace doit comprendre environ. . . . . 60,000 hommes.

Les Prussiens ont ensuite l'armée du prince Fréderic-Charles, sous Metz, à Pont-à-Mousson, Nancy et Verdun; mettons . . . . . . 200,000 —

Ils occupent en nombre assez restreint, il est vrai, la ligne des Ardennes jusqu'à Sédan . . . . 20,000 —

Ils ont à Sédan, Mézières et environs . . . . 30,000 —

Ils sont obligés de garder la ligne de Nancy à Paris, par la vallée de la Marne. . . . . 30,000 —

La ligne de la vallée de l'Aube,

A reporter. . . . . 340,000 hommes.

Report. . . . . . . 340,000 hommes.

depuis Arcis, et celle de la Seine,
depuis Nogent. . . . . 30,000 —

La ligne de Soissons, Laon, Re-
thel, avec détachements pour gar-
der leur flanc dans le bassin de
l'Oise. . . . . 50,000 —

Ils doivent avoir sous Paris :

Entre la Haute et la Basse-Seine,
à l'ouest de la capitale, une armée
dont le point de concentration est
Versailles, et dont on peut estimer
l'effectif à . . . . 120,000 —

Entre la Marne et la Basse-Seine. 90,000 —
Entre la Marne et la Haute-Seine. 90,000 —

Total. . . 720,000 hommes.

L'effectif général de nos ennemis dépasse peut-être ce chiffre sur le papier ; mais c'est, à notre avis, exagérer leurs ressources que de leur supposer un tel nombre de combattants présents sous les drapeaux, et tout ce qu'ils peuvent faire sans doute, est de l'entretenir par les levées auxquelles ils ont sans cesse recours.

Toutes ces forces sont fatalement immobilisées.

Nous ne nous occuperons pas de celles des nôtres qui leur sont opposées en ce moment, ni de celles qui sont en voie de manœuvrer pour les attaquer, là où elles en trouveront l'heure et le lieu à leur convenance : nous n'envisagerons que la manière d'utiliser nos immenses ressources encore sans emploi. Nous résumerons notre système dans le titre suivant :

2º SIÉGE, PAR LA PROVINCE, DE L'ARMÉE
QUI ASSIÉGE PARIS

Nous avons donné un aperçu de l'organisation, sur le papier, de cinq armées.

Voici comment nous les constituerons effectivement et comment nous les établirons :

La 1re se formera principalement avec des éléments tirés des départements au nord de Paris, attirant à eux les hommes des départements voisins envahis; la seconde ligne commencera sa formation dans les places de la Flandre, de l'Artois et de la Picardie, et viendra sous peu de jours s'établir à Amiens, où sera formé un camp retranché qui sera armé d'artillerie de siége.

La première ligne s'établira en avant d'Amiens, l'aile droite à cheval sur le chemin de fer de Rouen, le centre sur la ligne de Creil, l'aile gauche sur le chemin de la Fère. Dans cette position, les corps s'organiseront, se constitueront, s'exerceront au fur et à mesure de leur arrivée. Chaque division détachera en avant les premiers corps constitués, qui pousseront de forts détachements, toujours soutenus en arrière par des réserves échelonnées, sur lesquelles, en cas d'attaque par des forces supérieures, ils se replieront. On tendra ainsi à former une ligne d'avant-postes couvrant, si c'est possible, Beauvais, Clermont, et s'étendant en arrière de Compiègne jusqu'à la Fère. Ces avant-postes seront eux-mêmes éclairés par des francs-tireurs qui battront le pays et étendront dès lors leur action jusqu'au cours de l'Oise. Aussi loin que s'étendront ces détachements, ils créeront partout, devant eux, des obstacles contre la cavalerie et l'artillerie. Nous indiquerons les plus rapides.

On fera sur les routes, dans les points difficiles à tourner, des coupures de 2 mètres de profondeur et de 4 à 6 mètres de largeur, sur lesquelles on posera des ponts volants juste assez résistants pour le passage de l'infanterie, et que l'on enlèvera d'ailleurs à l'approche de l'ennemi.

On bouléversera les chaussées pavées.

On tendra de forts fils de fer attachés aux arbres, en travers des routes et chemins.

On fera quelques abattis d'arbres, là où il n'y aura pas d'autres moyens.

On couvrira d'une couche de terre les chaussées empierrées.

On pourra établir quelques mines sous les ponts, mais pour les faire sauter seulement à la dernière extrémité.

On aura un approvisionnement de chausse-trapes sur les points de passage obligés, surtout la nuit.

Chaque homme en portera une dizaine sur lui.

Ces moyens, nous n'en doutons pas, suffiront dès le premier jour pour rendre désormais impossibles les incursions des coureurs ennemis, pourvu que, de derrière chaque obstacle, partent quelques coups de fusil sur les cavaliers qui chercheront à les vaincre.

Si l'ennemi envoyait de plus forts détachements, qu devraient alors comprendre de l'artillerie et de l'infanterie, on se concentrerait encore en arrière, dans des positions choisies d'avance, et, suivant la force de l'ennemi, qu'on ne peut admettre supérieure à 10 ou 20,000 hommes, les divisions placées sur ses flancs devraient toujours les inquiéter sans s'engager elles-mêmes sérieusement. Les communications étant partout coupées, la marche de l'ennemi sera ralentie par celle de sa cavalerie et de son artillerie, et nous aurons toujours le temps de reculer lorsqu'il deviendra menaçant ; il faudra seulement le harceler partout. Si cependant il poursuit sa marche, il faudra l'attendre sur la Somme, et lui en disputer le passage. Si ce passage était forcé, notre première ligne se porterait en arrière d'Amiens, moitié sur la ligne d'Arras, moitié sur la ligne d'Abbeville, gardant ces deux voies.

Grâce à la légèreté de notre équipement, à l'absence de tous bagages, au concours des lignes de chemins de fer, nos mouvements seront toujours libres, et nous pourrons aisément nous dérober à une poursuite, sans cependant perdre notre ennemi de vue.

Arrivé sous Amiens, il rencontrera notre seconde ligne, qui aura déjà eu le temps d'organiser la défense de la ville, où se trouve une magnifique citadelle, et où, quelque peu organisés qu'ils soient, nos braves bourgeois et paysans du Nord, soutenus en arrière par l'armée de première ligne, n'auront rien à craindre, à moins de supposer que l'ennemi porte contre eux une armée de 100,000 hommes. Et encore, s'il poussait l'aveuglement jusqu'à prendre ce parti, notre seconde armée pourrait alors marcher contre son flanc gauche. Paris lui-même pourrait menacer ses derrières.

Un tel mouvement déplacerait évidemment le théâtre de la guerre, et Paris se trouverait déjà débloqué. N'oublions pas, au surplus, que nous avons une ligne de chemins de fer, un réseau de places armées jusqu'aux dents derrière nous ; que la mer est libre, et peu éloignée d'Amiens.

Admettons donc que nous pourrons organiser notre première armée autour et en avant de cette ville, comme nous l'avons fait à *priori*, sans avoir à engager avec l'ennemi autre chose que quelques escarmouches d'extrêmes avant-postes.

Rouen jouera pour notre seconde armée le même rôle qu'Amiens pour la première. Nous y réunirons les contingents de la Normandie et de la Bretagne. La seconde ligne se retranchera à Rouen, pendant que la première s'organisera en avant, deux divisions sur la rive droite, trois divisions sur la rive gauche de la Seine, avec les ponts coupés devant elle, et les ponts conservés ou rétablis en arrière. Cette deuxième armée tendra à établir sa ligne d'éclaireurs et ses avant-postes sur le cours de l'Epte (rive droite de la Seine), et à couvrir Vernon, Évreux, sur la rive gauche du fleuve, par une ligne dont la droite occuperait la forêt de Dreux, et la gauche viendrait vers Mantes. Même manière de se préserver des atteintes de la cavalerie et de l'artillerie ; et, en cas d'attaque par des forces imposantes, faculté pour nous de passer d'une rive à l'autre. Enfin, si l'ennemi venait attaquer Rouen, notre première ligne prendrait position en arrière, partie sur la ligne du Hâvre, partie sur la ligne de Cherbourg. Voilà la situation de cette seconde armée.

Notre troisième armée, formée des contingents du sud-ouest, aura son centre de formation au Mans, nœud important de voies ferrées. La première ligne, convenablement échelonnée, tendra à porter ses avant-postes devant Dreux, Chartres, Châteaudun, et à garder les trois lignes de chemins de fer venant de Paris, et passant par ces trois points.

En cas d'attaque sérieuse, la première ligne se replierait méthodiquement sur le Mans, et prendrait position en arrière, sur les lignes de Rennes et d'Angers, assurant ainsi, au besoin, la retraite vers la Bretagne, où la vieille réputation des habitants est de nature à ne point attirer l'ennemi, quand bien même chacun de leurs champs ne serait point entouré de clôtures, qui en font une véritable redoute, facile à défendre.

Notre quatrième armée aura pour centre Bourges ; elle sera formée des contingents du centre et du sud, comprenant la rive droite du Rhône. Sa première ligne couvrira Orléans, qui sera occupé dès le début par une brigade ; le front de ses avant-postes s'étendra de Châteaudun à Montargis, toujours surveillant à courte distance les détachements ennemis, et refoulant ses maraudeurs. Le cours de la Loire et les marécages de la Sologne donneront toute sécurité pour nos dernières ; puis vient l'immense camp retranché de Bourges, déjà achevé, et où sera postée notre seconde ligne ; puis enfin, en arrière, les montagnes de l'Auvergne, citadelles inaccessibles.

Notre cinquième armée sera formée des contingents de la Bourgogne, de la Franche-Comté et des départements de la rive gauche du Rhône ; elle a son camp retranché tout fait : c'est Langres, qui forme, pour l'extrême droite de notre grande ligne d'investissement de Paris, un point d'appui inexpugnable. La première ligne de notre cinquième armée couvrira, par ses avant-postes, Neufchâteau, la voie ferrée qui de ce point vient sur Chaumont, Châtillon-sur-Seine et Ancy-le-Franc. A Langres, rien à craindre des armées qui occupent le territoire. Si cependant l'ennemi y dirigeait une nouvelle armée, contre laquelle on ne crût pas pouvoir lutter avec certitude de l'écraser, on pourrait, après avoir laissé à Langres une bonne garnison, opérer un mouvement de retraite. Si cette armée, venant des Vosges ou de Belfort, semblait se diriger vers Lyon, on compléterait la garnison d'Auxonne et de Besançon, et l'on reculerait pas à pas et en bon ordre vers Lyon, tenant toujours l'ennemi observé à petite distance. S'il se dirigeait de Belfort sur Paris, on marcherait parallèlement à lui aussi vers Paris, en couvrant toujours Lyon, et en ayant soin de n'engager que des combats d'avant-postes.

Nous répétons que de tels mouvements sont faciles, même avec des troupes non encore bien constituées, lorsque ces troupes joignent à la légèreté du bagage la possession des chemins de fer en arrière.

Quoi qu'il en soit, notre système repose sur ce principe, qu'il faut immédiatement serrer d'aussi près que possible, avec les forces déjà disponibles, les coureurs ennemis, leur barrer désormais le passage avec une ligne de forts avant-postes manœuvrant dans une zone parsemée en tous sens d'obstacles contre la cavalerie; que, en arrière de ce rideau, il faut organiser le reste de nos troupes; que si l'ennemi veut nous attaquer, nous ne devons jamais accepter la lutte sans avoir pour nous une supériorité numérique écrasante. Si donc une de nos lignes est menacée sérieusement, elle doit reculer pas à pas, en attirant toujours l'ennemi, mais sans le perdre de vue et en revenant en avant s'il recule à son tour.

Avec ce système, les lignes que nous avons indiquées pour les avant-postes n'ont rien d'absolu. Ce sont les circonstances qui en décideront; mais nous n'admettons pas que l'ennemi puisse charger à fond et en masse sur une de nos armées. Voyez, en effet, sa position dès le début :

Celle de ses armées dont la position est la plus aventurée est celle de Versailles; celle des nôtres qui est la plus menaçante est celle du Mans. L'ennemi pousse donc en avant contre celle-ci. Elle recule. Il la poursuit toujours avec difficulté, toutes les routes étant obstruées, encombrées ou coupées pour sa cavalerie et son artillerie. Elle cède. Il la poursuit encore. Elle recule toujours. Quelles forces a-t-il donc pu détacher de Versailles? Mettons la moitié de son effectif, 60,000 hommes. Voilà donc deux tronçons de 60,000 hommes, l'un resté à Versailles, l'autre en route sur le Mans, dont le premier est exposé à une sortie de Paris et à une attaque de la deuxième et de la quatrième armée, et dont l'autre va se trouver enfermé, si l'ennemi continue sa marche, entre trois armées, chacune trois fois forte comme elle. En vérité, sommes-nous assez lâches pour ne pas écraser dès le premier jour 60,000 hommes avec 440,000?

On demandera sans doute pourquoi, avec notre supériorité numérique, nous n'attaquerions pas nous-même. partout à la fois dès le premier jour. En voici la raison :

A l'heure qu'il est, les Prussiens se sont fortifiés et se fortifient encore autour de Paris. Ce serait un véritable assaut à donner à leurs fortifications, sous une puissante artillerie, et il faut pour cela de vieilles troupes. En second lieu, il faut mettre un peu d'ordre parmi notre monde, et faire que ses nerfs s'accoutument un peu aux charges des chevaux, au bruit des balles et des boulets, avant de le mettre aux prises avec des masses compactes, et de l'exposer au premier choc à une panique et à une déroute dont on ne se remet pas vite. Puis, enfin, notre moral gagnera tout ce que perdra celui de l'ennemi, et il est certain que l'inquiétude envahira celui-ci quand pas un de ses uhlans ne pourra faire un pas en avant sans rencontrer quelque piége ou recevoir quelque balle, et que ce cercle d'embûches et de plomb ira se rétrécissant un peu chaque jour.

C'est, me dira-t-on, une bien grosse entreprise que de faire tant de travaux pour arrêter les cavaliers. Je réponds que tout cela se réduit à peu de chose en fin de compte, et que moyennant, quelques indications données par les officiers du génie, on peut s'en rapporter au courage, au patriotisme et à l'intelligence des ingénieurs des ponts et chaussées et des mines, aidés de tout le personnel de conducteurs, de piqueurs, d'agents-voyers, dont le patriotisme n'est pas moindre. D'ailleurs, ce jour-là, nous laisserons dans nos places fortes lointaines un seul officier du génie, un seul officier d'artillerie; tous les autres iront diriger les attaques.

Voilà donc nos avant-postes placés et journellement aux prises avec les uhlans. Moyennant quelques rectifications de détail dans les positions de nos mobiles, cette hypothèse est déjà une réalité. Derrière ce rideau arrivent avant huit jours tous les autres corps; dans chaque armée on fait la répartition des troupes et des positions, et chaque jour on s'exerce, on manœuvre, on travaille.

La première ligne, composée de jeunes gens, reste toujours au bivouac. Plus de soldats, indignes de ce nom, étalant dans les rues de nos villes le spectacle de leur mauvaise tenue et de leur intempérance! Plus d'officiers exhibant leurs galons et leur désœuvrement dans les cafés de nos cités quand l'ennemi est aux portes! A tous la vie rude, sérieuse, pénible du camp. Fortifiez vos âmes et vos corps, citoyens! LA PATRIE EST EN DANGER.

La seconde ligne, formée de la garde nationale sédentaire, sera logée dans les villes qu'elle occupera. Chaque maison deviendra une caserne.

Après huit jours encore, c'est-à-dire dans deux semaines, notre organisation s'étant consolidée, nous porterons, par un mouvement nocturne, simultané, au signal du télégraphe, toutes nos lignes en avant, de deux lieues, par exemple. Informés des points occupés par l'ennemi dans cette zone, nous dirigerons sur chacun d'eux des forces trois ou quatre fois supérieures aux siennes. Les points à occuper par chacun auront été déterminés d'avance. On s'y fera guider par les habitants et les francs-tireurs; et, pendant que les combattants pousseront l'ennemi surpris et désorganisé, les ingénieurs feront, avec les soldats ou avec le concours des habitants, toutes les dispositions concertées d'avance contre la cavalerie et l'artillerie.

Dans la même nuit, Paris prévenu fera aussi de fortes sorties dans diverses directions, de manière à ce que l'ennemi se trouve partout menacé et ne puisse faire face de tous les côtés à la fois. Il est probable que nous lui ferons dès ce moment quelques captures importantes. Supposons cependant qu'il fasse dès le jour des retours offensifs contre quelques-uns des points de nos lignes. On lui cèdera le terrain, on reculera, on l'attirera même en arrière, et s'il donne dans le piége, les forces latérales se jetteront dans ses flancs ou sur ses derrières. S'il est trop fort pour qu'on puisse faire un tel coup, on se contentera de l'observer, sans se laisser joindre par lui. Il faudra qu'il s'arrête, qu'il prenne position quelque part, ou qu'il recule. Dans ce dernier cas, on avancera à sa suite; dans le premier, nos lignes le serreront toujours de leurs avants-postes et de leurs éclaireurs. Mais il ne pourra résister ainsi avec succès à nos progrès que sur un petit nombre de points, et partout ailleurs nous aurons obtenu le résultat voulu.

D'ailleurs, outre nos cinq armées de siége, nous avons d'autres personnages dans la coulisse et qui peuvent paraître en scène où ils voudront, avec la ligne circulaire de chemins de fer qui passe par nos cinq centres d'opérations. En quarante-huit heures nous pouvons ainsi porter une armée active de 60 à 80,000 hommes, avec armes et bagages, d'Amiens à Langres et à Belfort, en passant par Rouen, le Mans et Bourges; et cette armée peut, à volonté, se jeter sur un point quelconque de la ceinture de Paris, ou bien, partant de Langres, venir couper en un point quelconque la grande communication de l'ennemi par Nancy, Toul, Bar-le-Duc, Châlons, et se retirer ensuite en sûreté derrière nos lignes, dès que l'ennemi arrive en force sur elle.

Cette armée peut encore partir d'Amiens sur La Fère, Laon, couper la ligne des Ardennes, capturer les 3 ou 4,000 cavaliers qui gardent Soissons, et revenir encore sur ses pas, sans attendre que l'ennemi ait réuni des forces inquiétantes pour elle. Suivant les circonstances, elle peut pousser sur Reims, Châlons, faiblement gardés, et venir sur Chaumont vers une partie de la 5e armée de siége, qui lui tendra la main.

Ces mouvements, dont nul n'aura le secret que le Ministre de la guerre en personne, pour en faciliter la réussite, auront dans quelques jours changé la face des événements.

L'armée qui monte la garde à Metz devant Bazaine sera obligée sans doute de renoncer à sa faction, ou du moins de diminuer le nombre de ses sentinelles pour se mettre à la poursuite de ce personnage fantastique, qui ne fera que paraître sur la scène pour disparaître aussitôt. C'est alors que ce même personnage pourra se jeter directement sur Metz par le nord ou par le sud, à son choix, de Mézières, ou d'Épinal ou Neufchâteau, et délivrer enfin notre héroïque Bazaine, comme l'a qualifié Jules Favre. Cette dernière opération ne devra toutefois être entreprise qu'avec la certitude de la réussite, si l'on sait par exemple que le prince Frédéric-Charles a envoyé une partie de son effectif renforcer l'armée sous Paris; car, à l'heure qu'il est, le camp prussien sous Metz est fortement organisé en vue d'une attaque par une armée de secours.

Cependant, nos cinq armées de siége auront continué leur organisation, leurs mouvements graduels en avant. Les vivres et les munitions commenceront à devenir rares autour de Paris; la démoralisation, l'insurrection y feront peut-être des progrès. Nous enverrons aux troupes du Sud des encouragements à délaisser la cause de la Prusse. Nous leur ferons parvenir des proclamations, promettant la liberté sans conditions à ceux de leurs corps qui abandonneront leurs alliés et passeront nos lignes. On se mettra pour cela, au moyen des habitants, en relation avec les soldats bavarois, Wurtembergeois et badois. L'intégrité et l'indépendance de leur pays leur seront promises. On promettra aux Hanovriens, aux Schleswigeois, aux Polonais de rétablir l'autonomie de leur pays. Ces promesses, qu'on tiendra, la faim, la peur et la haine de Bismark aidant, multiplieront chaque jour le nombre des transfuges.

Enfin, un jour, dans un mois, à peu près, après une série de petits mouvements en avant, un grand mouvement simultané s'opèrera partout à la fois. Mais sur un ou deux points, avec des masses énormes, et désormais aguerries, enthousiasmées par une proclamation de la Constituante, on chargera à fond vers Paris, qui fera, de son côté, une immense sortie, et la position des Prussiens sera telle, que la capitulation de Sedan sera largement compensée pour nous.

Je m'arrête. Puissé-je voir se réaliser l'espoir que je viens d'exprimer! Puissent y avoir contribué ces lignes rapidement écrites sous l'inspiration d'un ardent amour de mon pays, plutôt que de la froide science! Puissé-je avoir fait partager à tous ma confiance dans le succès! Puissent encore ma tête et mon bras concourir utilement à l'œuvre que j'ai entreprise avec mon cœur!

ET, VIVE LA FRANCE!

Tours, 4 octobre 1870.

www.ingramcontent.com/pod-product-compliance
Lightning Source LLC
Chambersburg PA
CBHW071436030726
47594CB00006B/2754